MEMOS,

JE PENSE AVEC MES MOTS

JE PANSE MES MAUX...

Préface

J'écris ce livre pour me libérer, comme un exutoire à la vie, comme une mémoire gravée, comme un cahier de vie, j'écris pour mes enfants, pour mon mari, comme pour laisser une trace et leur raconter qui je suis.

Une histoire aujourd'hui banale, vécue par beaucoup de jeunes femmes, j'ai voulu raconter à ma manière mon ressenti, mes appréhensions, et cette revanche sur le désir de vie et de bonheur.

Je n'ai pas honte de cet écrit, j'assume chaque mot, chaque pensée...

Je dédis ce livre à mon mari, investigateur de mon bonheur, remède incontestable pour y parvenir.

A mes enfants que j'aime infiniment, je veux les voir aussi heureux que je le suis avec leur père, je veux les voir grandir, et s'épanouir.

A toutes ces jeunes femmes qui se sentent perdues...je dis que l'espoir est en chacune de nous.

Sophie RIVIERE

Je suis là dans mon bureau,

A écrire sur cette page blanche sans dire un mot,

A penser à mes rêves sous embargo,

A construire en secret, à panser mes maux.

J'écris pour me libérer,

J'écris pour me consoler,

J'écris pour vider ma tête,

J'écris quand mon cœur est à la fête.

Si on me demande si j'aime la vie, à cette question je réponds oui,

Si on me demande si j'aime les gens, à cette question je réponds

... évidemment,

Je me nourris de ce que les gens m'apportent,

J'ai du mépris pour ceux qui m'insupportent.

Quand je regarde autour de moi, que j'observe et que je vois,

Ces regards froids, ces moqueries, cette indifférence et ce

mépris,

Alors oui cela m'interpelle, cela me peine, cela me

gêne,

Mais je n'y peux rien, les gens sont ainsi faits,

Et on dit souvent que personne n'est parfait.

CHAPITRE 1 - CETTE VIE OU J'AI GRANDI…

…la seule chose dont je me souvienne, c'est ce carambar partagé, au coin de cette cuisine, adossée à un tabouret des années 70, jaune, avec ma sœur…j'avais 6 ans…nous vivions dans un appartement HLM au 5ème étage, du 13ème arrondissement. Mes parents tous deux originaires de l'île de la Réunion, étaient venus s'installer en France pour y trouver un emploi. Je ne me souviens que de cela, le reste a été effacé de ma mémoire, sans doute un refus de la réalité qui obstrue mes pensées. Seuls les moments douloureux me reviennent, seule cette peur permanente m'interpelle.

Il était mon père, cette homme brun, le regard noir, grand, fort, et parfois attachant, je le craignais, au point de le haïr, mais je convoitais sa préférence qu'il offrait à ma sœur aînée, sans résultat. Elle n'était pas plus âgée que moi, j'aimais dire à chaque anniversaire que nous avions le même age, cela la déroutait, elle ne supportait pas notre différence de 11 mois. Elle était très jolie, je l'enviais, ses cheveux bruns et longs, raides et d'une texture qui en ferait pâlir plus d'une. Mais elle était sa préférée... aujourd'hui je le comprends, à l'inverse, je n'avais aucune ressemblance avec les miens, ma sœur me faisait douter sans cesse de notre fratrie, les cheveux soleil, le teint mat, nous étions différentes.

Ma mère... cette femme remplie de vie, de courage, de crainte aussi, dévouée à son mari, « jusqu'à ce que la mort nous sépare... » Me répétait sans cesse qu'une femme doit tout donner à son mari, même si elle s'oublie. Je ne comprenais pas ... j'étais trop jeune... Il y a eu de l'amour entre mes parents, mais un amour déchirant, un amour violent, un amour troublant, un amour sanglant. Il était souvent absent, il travaillait, il rentrait et la plupart du temps, il était alcoolisé, au point qu'il n'était plus avec nous, au point que son corps le quittait et qu'un démon l'habitait. Il nous faisait peur, il crachait parfois dans son assiette, maman tentait de le résonner, mais elle était la première à en souffrir, la première à en pâtir. Il ne supportait pas la rébellion, après tout c'était lui le père, le maître, l'homme de la maison. Au début, cela me paraissait normal, mais je restais là sans rien dire, reposant lentement ma fourchette et observant ce film pas encore sur toile, mais vécu comme son réalisateur.

Les années ont passé… rien n'a changé, il était toujours alcoolisé, elle était toujours dévouée, nous étions toujours bafouées, parfois maltraitées. Cela n'avait plus rien à voir avec une punition, c'était l'ultime punition, nous étions condamnés pour avoir été simplement des enfants… Ma mère s'interposait, puis ne s'interposait plus, elle risquait le même châtiment mais décuplé, et juste avec un regard, je lui faisais comprendre que j'allais bien, que   ce   n'était pas grave, que j'avais sûrement désobéi et que je ne referais plus

de bêtises…la mort nous guettait…chaque nuit, chaque jour, de

cet alcool naissait la violence, l'incompréhension, le désarroi.

L'idéalisation du couple me faisait peur, souvent j'entendais, ce

soi-disant amour, fait de gémissements et de « non » sourds…je

comprenais qu'elle ne voulait pas, mais qu'elle était sa

femme…jusqu'à la mort. Il était impudique, sans gêne de son

corps, fier de ses atouts, fier de se montrer à sa cour…3 femmes

….fragiles et fortes à la fois…à cette époque là nous étions 4,

l'avenir était incertain, mais nous avions espoir que tout

s'arrangerai, qu'il y avait un homme bon en lui, que nous pouvions

l'aider, le soutenir, que l'amour pouvait être plus fort que ce verre

d'alcool qui le détruisait, petit à petit…Parfois il partait en voyage,

en pèlerinage, avec sa famille…à la rencontre de croyants autour

de la pierre noire, chacun de ses voyages était une fête, une autre

naissance,   la   vie,   la joie, la liberté. Nous commandions des pizzas, je comparais cela à Noël, au plus beau jour de ma vie… ce n'était pourtant qu'une pizza aux anchois… tomate … et mozzarella.

***

**

Il travaillait dans un restaurant, il était chef de rang... il était très doué en cuisine, peut-être ai-je hériter de cette passion, maman elle était mère de famille et je crois sans me tromper qu'elle aimait s'occuper de nous, c'était son travail à elle. Nous n'avions pas beaucoup de revenus, il arrivait parfois que maman emprunte de l'argent à notre voisine, pour acheter du lait et des cheveux d'anges, maman en faisait un dessert délicieux, qui nous rassasiait. Parfois c'était juste du pain et du lait, je sentais que cela peinait maman, mais nous mangions des petits déjeuners et cela nous ravissait.

L'arrivée de mon petit frère a tout bouleversé Nous étions heureuses de pouvoir, ma sœur et moi, pouponner. Maman était à l'hôpital avec le bébé, lui ne savait pas comment faire , c'était trop dur d'assumer le rôle de maman, alors chaque matin avant d'aller à l'école, il nous conduisait à l'hôpital muni d'une brosse à cheveux, ma mère nous coiffait... pour lui ça paraissait trop compliqué, ma sœur avait bien essayé mais mes cheveux étaient trop emmêlés, maman faisait ça très brutalement et me disait « il faut souffrir pour être belle » elle tirait et tirait encore sur mes mèches, je finissais par ne plus sentir la douleur, je m'habituais à cette douleur, et à toutes les douleurs je que vivrai.

L'alcool a refait surface....l'accalmie était de courte durée, le bonheur s'entachait, nous étions à nouveau en enfer.

Ce souvenir marquant d'une journée, (je devais avoir 13 ans), ma meilleure amie de l'époque Virginie, a accepté de venir dîner et dormir à la maison, ce jour-là, j'étais aux anges, enfin j'étais une petite fille comme les autres, j'invitais ma copine…nous dînions, il n'était pas encore rentré, on bavassait comme des pies à table et l'odeur de l'alcool est venu perturber mon repas, j'avais un pressentiment, que cette euphorie serait de courte durée, il nous a rejoint à table, sans un mot, juste ce regard noir, et puis ça a commencé, reproches, insultes, il haussait la voix à chaque phrase, Virginie le regardait fixement de manière interrogative, puis elle cherchait mon regard comme soutien, comme un appel au secours, ce soir-là j'avais dû mettre la table, mais j'ai inversé le couteau et la fourchette… et j'ai répondu … ce n'est pas grave, je vois encore ce couteau dans sa main droite, menaçant. Instinctivement il l'a lancé dans ma direction… à ce moment-là je ne visualise que lui et moi, mais où est maman, que fait ma sœur, où est mon frère, comme si à chaque moment violent, je me retrouvais dans un monde parallèle sans les miens… Virginie a eu peur, elle se lève et m'interpelle, je veux rentrer chez moi, je veux appeler ma mère. Il réagit : mais non, ce n'est rien, tu vois, il ne faut pas répondre à ses parents, Virginie est horrifiée, elle me chuchote : s'il te plait Sophie, je veux rentrer…mais je ne peux la laisser partir, elle est, ce soir là, le passeport pour ma survie, je lui dis ne pars pas, ne me laisses pas, il ne nous fera rien si tu restes avec moi. Elle se résigne par peur, mais elle n'est pas tranquille.

Il se reprend, il va se coucher, nous chuchotons, devant la télé avec maman, il s'endort …maman vérifie qu'il ronfle, nous sommes, l'espace d'un instant, heureux.

*****

*****

Mon frère, Yaya, grandit. C'est un petit garçon coquin, mon père l'adore, c'est un garçon, un fils, il sera fort comme son père. Il ne supporte pas que ma sœur et moi nous le maquillons, l'habillons tel un poupon, il fait des bêtises, mais c'est différent …et je comprends que la place que j'occupe dans la fratrie sera difficile, qui suis-je pour lui ?

Maman est à nouveau enceinte….cette nuit là elle a dit non, non et encore non mais il est là il vit déjà en elle…sa grossesse est différente, plus dur pour elle, car les limites sont atteintes…il la bat…parfois même il l'a pousse…mais elle espère toujours qu'elle retrouvera celui qu'elle a connu, sa mère l'avais prévenu, ce n'est pas un homme pour toi, il te fera souffrir. Elle l'aimait et cela suffisait à son bonheur.

Ce dernier enfant est né un soir de printemps, il faisait bon, et nous attentions impatiemment son arrivée, Maman comptait que ce soit la pleine lune, comme si la position de la lune interférait sur la vie. Cette après-midi là, maman avait passé sa journée à nettoyer, ranger le linge, faire des machines. Elle disait que le bébé viendrait plus vite.

En pleine nuit, la maison s'active et je le vois faire les cents pas dans le couloir…maman m'appelle : vas me chercher une petite culotte, je m'exécute. Il est presque trop tard, le bébé arrive. Alors on appelle les pompiers…il faut l'évacuer…la sortie de secours est bloquée par un véhicule, il est trop tard maman va accoucher, elle se positionne dans le canapé, le regard vide, la souffrance interne se lit dans ses yeux, elle nous rassure, mais nous sommes inquiets. Le SAMU a rejoint les pompiers…il en est déjà à sa 10ième cigarette, et la cafetière est vide, il fait toujours les cents pas, en marmonnant des mots comme pour faire une incantation, je n'y prête pas attention, je le trouve pathétique et pas à sa place. Un brouhaha incessant dans le salon, et je n'entends toujours pas maman, nous sommes recluses dans la chambre, la peur au ventre comme si nous vivions notre propre naissance. J'entends : « allez y madame, poussez »…à ce moment-là, je m'attends à un cri semblable à celui d'une joie, mais c'est un bruit sourd, mêlé de souffrance, de résignation de douleur intense que j'entends, ce bruit que j'entends encore parfois et qui m'émeut… c'est fini…il est là, mais pas un bruit. Il viens nous annoncer l'arrivée de notre petite sœur…l'alcool doit encore parcourir ses neurones…puis il revient c'est un garçon. Le bébé ne pleure pas, puis il crie…je l'entraperçois enroulé dans une couverture aluminium, il est beau mais tout petit. Et je vois maman, elle me regarde. Son sentiment n'est pas perceptible, elle est épuisée, elle est silencieuse, elle est courageuse, elle souffre en silence. Nous n'irons pas à la maternité se faire coiffer par maman, nous sommes grandes, presque 16 ans, et notre petit frère a besoin de nous.

Adam, c'est un petit garçon avec beaucoup d'humour, un coquin aussi, mais le père lui a sa préférence, l'aîné, comme si c'était l'élite de la famille.

***

**

CHAPITRE 2- L'APPEL DE LA MORT

L'atmosphère est tendue, j'ai 16 ans ½, je travaille après l'école, chez Mac do, ou les frites parlent et les hamburgers chantent…Virginie est avec moi, nous travaillons ensemble au Mcdo de Tolbiac, j'aime cette ambiance festive américaine, où tout le monde s'aime, où l'on se tutoie.

Je ne suis pas une adolescente rebelle, juste à la recherche de ce que je suis. Alors, je m'essaie à des modes, des codes vestimentaires qui aujourd'hui me font rire, et même me font peur. J'ai un petit copain qui, lui aussi, travaille au mcdo, il est grand, les yeux globuleux, mais c'est un garçon charmant, Philippe est un sportif et très protecteur, notre relation n'aura duré qu'un an et quelques mois, pas assez bien pour moi, comme a dit maman, ma sœur y est pour quelque chose aussi, mais je ne peux ôter son souvenir de ma mémoire, c'est mon premier amour, je ne l'oublierai jamais. Après avoir frotté quelques inox, Virginie m'indique qu'il y a un nouveau….Un jeune homme très grand, très maigre aussi, nous le scrutons avec attention, il n'est pas mal, mais sa coupe !!! Je pense qu'il était fan des Jackson five ; il me sourit, il a l'air sympathique, Virginie se moque, mais j'aime sa compagnie, il est drôle, il me regarde comme si j'étais sa princesse, il me plait en tout cas, il ne m'est pas indifférent, je pense à lui, souvent, puis jour et nuit…puis plus tard il deviendra l'homme de ma vie.

Je rentre à la maison, il est encore bien alcoolisé, je vois des assiettes voler à travers la fenêtre…J'en ai marre, il s'en va ré alcooliser son corps car l'effet n'y est plus…Ma sœur et moi nous parlons à maman…on lui dit de partir…de ne plus supporter cela, elle baisse les yeux et d'une voix résignée, on ne peut pas partir comme   ça les filles… et pour aller où ?? avec 4 enfants ?? Si ton père l'apprend, il nous tuerait. Quelques heures plus tard, il revient plus alcoolisé que jamais, il me menace d'un couteau, maman s'interpose, je lui fais un signe de la tête comme pour lui indiquer qu'elle ne doit pas, c'est trop dangereux. Je lui réponds, je lui dis qu'il est fou, que je le déteste. Il entre dans une colère noire, il pousse maman, ma sœur crie, les petits sont effrayés. Je sors de la maison, comme ça, sans rien, et je cours, je ne sais pas où je vais, je pleure, je me dirige sur mon lieu de travail, je cherche un réconfort, je cherche des réponses, la police arrive… je croise Cédric il est affolé, il me prends dans ses bras, il m'embrasse, il ne comprends pas mais il est avec moi, il m'apaise.

Mes collègues de travail appellent la police, ils arrivent, j'explique vaguement ce qu'il se passe, je suis conduite au commissariat dans une voiture de police, je ne comprends pas où je vais, je suis assisse à l'arrière du véhicule, je portes des menottes aux poignets, la policière me parle mais je ne l'écoute pas, je l'entends me parler…le conducteur du véhicule se retourne et constate avec stupeur que je suis menottée, il demande à sa coéquipière : « pourquoi l'as-tu menottée ? » elle ne répondra pas, cela parait commun, c'est instinctif, elle ne s'excusera pas.

Nous arrivons dans un établissement près de la Seine, je ne sais toujours pas où je suis, je rencontre un inspecteur à qui je dois à nouveau exposer ce je vis chaque jour…Il me demande si je veux rentrer chez moi, à cette question je réponds non… Je me retrouve dans un foyer pour jeunes…Je me suis enfuie, j'ai renoncé à cette vie ou devrais-je dire j'ai renoncé à mourir, c'est égoïste mais je n'en peux plus. Le foyer, un mélange de jeunes perdus, de rebelles à la vie, d'âmes en peine. Je dors dans une chambre, il y a des barreaux aux fenêtres, comme en prison, je me sens libre et enfermée à la fois. La juge pour enfants m'a placée ici, le temps d'une solution, pour que je puisse continuer mes études l'esprit clair. Je m'y fais, mais les miens me manquent, je n'ai plus de contact, je ne veux plus le voir ni l'entendre, il me fait peur, très peur.

Cédric est toujours près de moi, il m'aime, et moi aussi. Il est là pour moi, je sens un amour incommensurable dans son regard, je sens cet amour, celui que je n'ai jamais eu. Il sent que je ne vais pas bien, il le sait, il a peur, il m'interroge, il veut comprendre. Mais mon esprit n'est pas avec lui, je lui mens, je lui dis que tout va bien, qu'il ne faut pas qu'il s'inquiète. Que demain ça ira mieux, je l'embrasse, je lui dis au revoir. Mais sans maman, sans ma sœur, sans mes frères, je ne peux pas vivre, pas comme ça, alors qu'ils vivent un cauchemar. Je ne peux pas aller bien, je n'ai pas le droit.

Je me couche, j'ai mal au pied… il y a deux jours en traversant, un véhicule a roulé sur mon pied, sans jamais s'arrêter… le docteur m'a donné des calmants, j'en prend 1, puis 2, je les disperse sur le lit, je les regarde, je les admire, tous ressemblent à des bonbons multicolores, j'aime les bonbons. Je les prends mais je pleure car je prends conscience de mon geste, je ne peux m'arrêter, je les prends tous, il y en a beaucoup. Je me couche l'esprit vide, les yeux vides, la tête pleine de regrets.

Il est 6 heures, le veilleur nous réveille, il toque à la porte, et puis l'ouvre, nous sommes enfermés toutes les nuits, comme des prisonniers. Je le perçois… je ne le vois pas ….je l'entends au loin … il me parle… je ne peux lui répondre ….je sombre ….l'ambulance arrive… j'entends tout, les yeux fermés, tout s'agite… l'hôpital… Je ne sais même pas où je suis, j'entends juste ce mot : TS… je ne comprends pas.

On m'installe dans une chambre, j'ai mon doudou, celui que Cédric m'a offert, je suis un peu grande, mais j'aime cette peluche, « Johnny la taille », il a une petite tête de lapin et un ventre moelleux et énorme, j'aime cette peluche, elle porte son odeur. On me réveille un peu brutalement, j'ai du mal à rester éveillée, je veux dormir, dormir sans jamais me réveiller, dormir pour oublier. L'infirmière me gifle, puis elle me parle, « on va mettre un tube dans votre bouche, ouvrez bien grand, vous allez sentir un liquide chaud et noir c'est du charbon, c'est pour nettoyer, allez ! un effort ; et je revois encore ce tube presque plus gros que ma bouche, ils enfoncent le tube, encore et encore, je me débats, je ne supporte pas, j'ai envie de vomir. L'infirmière me dit : « on ne vomi pas tout de suite », elle fait appel à une autre infirmière : aides-moi, tiens-là fortement » et je sens que je pars. Je ne supporte pas cet acte censé me ramener à la vie, elles me torturent…le   liquide   coule   enfin,   c'est   chaud, salé, noir, et je vomis, je vomis même mon corps, tout se contracte et j'ai mal, j'ai très mal, je veux que ça s'arrête. Tout s'arrête… enfin… j'ai du mal à avaler, à parler.

L'infirmière m'indique que mes parents sont là, je ne veux pas le voir, pas lui, j'ai peur… non… il entre dans ma chambre, il pleure, je fais mine de ne pas le voir, mon cœur bat… que va-t-il faire … il geint… il me dit qu'il m'aime… cette phrase que j'ai attendu toute ma vie, cette attention que j'ai guettée toute ma vie, aujourd'hui il me le dit, mais je n'y crois pas, je sais que l'alcool va reprendre le dessus, qu'il va me haïr à nouveau. J'ai envie de le tuer, de lui cracher mon dégoût au visage, de lui faire mal, très mal, j'ai des pensées noires, je pleure puis je ferme les yeux comme pour terminer ce monologue paternel. Maman entre à son tour, lui ressort…

CHAPITRE 3- LA NUIT DE L'HORREUR

On se résigne aussi jusqu'à cette nuit… Quelques mois ont passés, je suis rentrée à la maison… Ma sœur me regarde comme une paria, comme si mon geste n'avait pas d'importance, comme si je faisais l'intéressante, elle me déteste, je le sais mais je sens qu'elle m'envie aussi. Plus personne ne parle, ou secrètement. Nous parlons à maman au coin de la cuisine, elle nous laisse fumer des cigarettes avec elle, elle comprend que nous avons grandi. Chaque jour, nous rentrons à la maison à heure fixe. Notre majorité n'a rien changé, même si nous avons l'impression de plus de liberté, les garçons sont heureux, il ne ressentent pas l'horreur, tout s'est relativement calmé, jusqu'à cette nuit, je ne me souviens plus du mois.

Il faisait presque nuit… nous étions devant la télé avec maman comme des sardines devant un film qui fait pleurer, les garçons sont dans la chambre, ils dorment. Lui rentre …se cognant contre les murs…il s'approche, il tente de nous dire bonsoir, mais il nous tombe dessus. Je pleure. Comme il ne comprend pas, il s'énerve, maman me regarde et à travers ses yeux je comprends qu'il ne faut pas surtout pas pleurer. Ma sœur le pousse…il tape…je m'interpose, il tape…maman essaie de le calmer…il est devenu fou, les garçons se lèvent, ils sont tous les deux dans le couloir, ils pleurent. Maman veux les ramener au lit, mais ça n'est pas possible, elle ne doit pas quitter la pièce, elle ne doit pas nous laisser seules avec lui.

Les minutes me paraissent des heures, je ne me rappelle plus, c'est flou…Derrière la porte du salon à moitié cassée par de violents coup de poings, une arme, un genre de fusil, comme dans les films, on croirait un jouet mais ça n'en est pas un. Maman a donné une boite à Cédric la semaine dernière, remplie de balles pour le fusil, on ne l'apprendra que plus tard, elles sont vraies.

Il est de plus en plus violent, il nous indique que si nous pleurons, il tuera maman, alors nous ravalons nos larmes, à la limite de vomir tout l'intérieur de notre corps. Les voisins ont été alertés par le bruit, les cris, et le vacarme que provoquait notre désarroi. Il finit par demander à maman où est son fusil….elle ne répond pas, il devient insistant, il prend son visage à une main et serre, « ou est mon fusil » ?, elle répond timidement : « derrière la porte ». Il y va…je comprends qu'il a décidé de faire ce geste…celui qu'on ne voit que dans les films. « Et les balles ? » ; « je ne sais pas », va les chercher….elle cherche, elle nous met à contribution, mais nous nous rappelons que c'est Cédric qui les a et que de toute façon, ce sont des balles à blanc, nous faisons semblant, pour gagner du temps….du temps pour réfléchir…du temps pour partir…du temps pour ne plus subir et être libres. Il tape dans les murs, il ôte sa chemise, comme pour un combat de rue, il est ceinture noire $3^{\text{ème}}$ dan …il le répète tout le temps, comme si ça avait de l'importance pour nous, cela ne fait que renforcer notre peur et notre impuissance face à un seul homme. Ma sœur ne supporte plus.

Elle sort prévenir les secours, le 17, la police, qui vous pose une seule question, cette question qui aujourd'hui me fait horreur, « il y a du sang, quelqu'un est blessé ? » comme si nos vies dépendaient de notre éventuelle mort, ou tout du moins qu'elle était annonciatrice de celle-ci. La fenêtre de la cuisine est ouverte. Arrivée en bas et après avoir prévenu les secours, elle remonte, elle n'aurai pas du revenir, c'est encore pire, la violence à ce moment là est telle que je ne sais plus, c'est comme un film, pour ne pas avoir peur on oublie. La police arrive, ils sonnent, « il » leur ouvre la porte « oui c'est pour quoi ? » maman est juste derrière lui, le visage rougi par les larmes, et par la force de ses mains, nous sommes tous derrière elle, nous transmettons à l'agent de police   par nos regards, un signe de détresse... il a caché son arme derrière son dos, il n'a toujours pas trouvé les balles. L'agent réitère sa question, il lui répond que tout va bien, une petite dispute de couple, nous donnons à maman un coup de coude, l'agent se tourne vers elle. « Madame tout va bien ? » Elle répond : non ça ne va pas, je n'en peux plus, je veux partir... Ils ont compris, ils rentrent à l'intérieur porte ouverte, ils le tiennent à l'écart et nous posent cette question ultime à laquelle seule ma mère doit répondre : « Vous voulez partir Madame ? »

Nos regards se croisent, elle comprend, elle a compris, elle le fera pour nous... elle réponds : « oui »... l'agent nous indique de préparer un petit sac avec quelques affaires personnelles, « il » entend tout et il crie, « non Marie, ne me laisses pas, je suis malheureux sans toi, je ne t'aurai pas fait de mal, et dans sa voix, un son que je ne reconnais pas, un autre parle en lui, il fait peur, j'ai envie de le taper, je veux qu'il souffre, je le hais, mais je ne le regarde plus, je ne veux pas, j'aurai préféré que maman me dise qu'il n'était pas mon père, je ne ressemblais pas à mes frères et à ma sœur, qu'elle avait peut-être connu le bonheur ailleurs, un jour, une nuit, et que j'étais le fruit d'un amour, et pas de la souffrance. Nous nous activons à faire un sac avec des papiers, on habille les petits, on prend quelques vêtements, mon sac d'école, je prends un document ou est noté le nom de la juge pour enfants, qui m'a placée en foyer.

Nous quittons cet appartement, sans regarder derrière, sans même savoir où nous allons, et si un jour, nous reviendrons. Direction le commissariat, maman porte plainte, elle est vue par un médecin, elle a des bleus, on nous place pour la nuit dans un foyer de femmes battues, il est plus de 22 heures, nous sommes épuisés par ces heures intenses. Arrivés au foyer au milieu de Paris, un endroit semblable à une prison, de hauts immeubles, avec des fenêtres toutes petites. Un quartier de femmes, il y a une section jeune et moins jeune, maman refuse d'être séparée de nous. Nous entrons dans une pièce dortoir, il y a de nombreux lits, il fait une chaleur atroce, et l'odeur de transpiration nous donne des haut-le-cœur. Mon frère cadet ne dit rien, il ne comprend sûrement pas, ou il ne veut pas comprendre. Le petit dernier, alors âgé de 3 ans environ, dit à maman, « on a oublié mon pot maman, je peux pas faire pipi » Nous rions, mais à l'intérieur, maman pleure et se pose sûrement mille questions. Nous n'avons pas beaucoup dormi, nos yeux sont gonflés, nous avons beaucoup pleuré.

L'assistante sociale veut nous voir, maman est silencieuse, puis elle raconte, pendant un quart d'heure, personne ne l'interrompt. Et je me souviens avoir sorti mon document, avec le nom de la juge pour enfants, l'assistante sociale m'indique que je devrais l'appeler, elle me parle, elle se souvient de moi, elle nous donne rendez-vous l'après-midi, au tribunal. Je ne suis pas allée à l'école, j'ai tout à coup grandi. Elle nous reçoit, elle est heureuse de me voir, elle me voit seule, je lui raconte, elle n'est pas étonnée, elle avait cerné le personnage à une époque, elle savait. Puis elle reçoit maman, elles vont avoir une longue conversation de femmes. Nous revenons dans le bureau, elle nous indique la suite des événements. Dans un premier temps, les garçons iront dans un refuge philanthropique catholique pour 3 semaines, à Paris dans le 13ème arrondissement. Nous, nous irons dans un foyer, dans le 13ème à quelques mètres de lui, pendant 3 semaines, le temps de trouver une meilleure solution.

Nous n'avons plus rien, nos vêtements sont restés là bas. Nous accompagnons les enfants au refuge. C'est un déchirement pour maman. Elle est leur mère, elle ne veut pas les laisser, mais les démarches administratives qui nous attendent vont être longues, et les enfants n'ont pas leur place dans cette bataille. Trois semaines   sont passées, maman est restée très silencieuse, parfois absente. Nous revoyons la juge, elle a trouvé une solution : un appartement foyer autonome à Vanves, avec tous les enfants. Nous sommes ravis, mais maman prend conscience qu'elle n'a plus rien, et surtout qu'elle n'a jamais travaillé. Nous récupérons les garçons ma sœur et moi reprenons le chemin de l'école, c'est un peu plus long, mais nous sommes libres.

CHAPITRE 4- L'AUTRE VIE

Quelques mois ont passé, nous sommes installés, les enfants sont à l'école, nous aussi, maman cherche du travail, elle n'est plus la même, triste et absente parfois, heureuse et libre à la fois. Nous devons avoir une confrontation avec lui... au tribunal, le but étant de récupérer notre appartement, là où il vit. Ce jour là, j'avais mal au ventre, je ne me sentais pas bien à l'idée de le croiser, de le voir. Maman aussi était dans le même état, ma sœur était étonnement calme, comme si inconsciemment elle avait hâte de le revoir.

Nous allons toutes les trois au tribunal, il arrive, mon cœur se presse dans ma poitrine, je sens mon corps trembler, je prends le bras de maman comme pour me rassurer. Le greffier nous appelle, nous restons debout, la juge nous demande de nous asseoir. On ne peut pas, bloquées par une peur, un geste, nos membres sont figés, statufiés.

Nous nous asseyons enfin, au bord du siège comme si nous étions prêtes à partir. La juge entame un long discours sur la famille en s'adressant à lui, elle lui parle de ce qu'il ne faut pas faire dans un couple, lui la regarde puis il l'interpelle, « mais c'est rien ce que j'ai fait, j'avais bu », elle sort de ses gongs et lui exprime clairement les choses : « monsieur, on ne bat pas sa famille, on ne terrorise pas sa famille, on s'engage à les protéger, les respecter, et vous, monsieur, vous ne faites rien de tout cela, par conséquent, je pense que vous êtes un danger pour votre famille… et pour vous. Il faut que vous vous fassiez aider, mais il ne lâchera pas prise, c'est toujours lui qui a raison. Elle le stoppe à nouveau « Ecoutez monsieur, dorénavant vous ne vous approcherez plus de votre famille à plus de 100 mètres, où je vous fais arrêter, et je vous laisse quelques mois pour restituer l'appartement à votre épouse et vos enfants, on est d'accords ? » Ce petit bout de femme avait réussi   à   lui   tenir   tête,   à l'affronter. Je l'admirai, elle était forte et déterminée, elle ne se laissera pas envahir par un homme. A ce moment là, je voulais être comme elle. Nous sortons de son bureau, elle esquisse un sourire comme pour nous dire que tout va bien, et que nous pouvons désormais dormir tranquilles.

Il nous suit, il crie « Marie attends, tu ne vas pas faire ça ? » Elle baisse le regard, elle ne veut pas l'affronter, elle presse le pas, elle ne le regardera pas, elle ne le regardera plus, elle sait que la souffrance a des limites.

Les mois ont passé, même presque deux années, nous avons réintégré l'appartement du 13ème arrondissement, il ne reste plus rien, nos maigres photos d'enfants ont disparu, certains meubles sont cassés, d'autres n'existent plus …nos vêtements n'y sont plus, nous n'avons plus rien, que des murs qui nous rappellent nos souffrances.

Cédric décide de nous donner un coup de main pour effacer la tristesse et la pauvreté que représente cet appartement. Les pièces retrouvent peu à peu forme humaine, nous sommes à nouveau nés, ce soir d'automne.

Maman est « dame de service » dans les écoles. C'est la première fois qu'elle travaille, tout près de chez nous. Elle est contente, nous aussi. Ma sœur et moi sommes parties de la maison, elle élèvera seule ses deux garçons.

Nous ne le reverrons plus jamais, sauf peut-être une fois, j'étais en vacances à la Réunion, chez mes cousins, j'apprends qu'il fait la manche près du marché, nous passons un jour près de ce marché en allant faire quelques emplettes, je suis à l'arrière de la voiture, je le vois assis tel un paquet déposé, il est alcoolisé, je n'ai pas besoin de le sentir, je le vois à son comportement. Ma poitrine se serre très fort, j'ai peur, et j'ai du mal à respirer. A ce moment-là, je revis plusieurs des scènes de mon enfance et cela me fait mal. Je suis choquée, je ne parle plus, je ne peux pas, je retrouverai mes esprits le lendemain.

Je hais cet homme, ce qu'il représente, ce qu'il nous a fait subir. Je le déteste. Je sais, ce n'est pas le sentiment qu'une enfant voue à son père, mais moi je peux. Je le dis. Cette emprise, cette peur que j'ai, rien que d'y penser, en tout cas pas comme une enfant, pas comme son enfant. Il ne saura jamais, jamais ce que je suis devenue, je ne veux jamais, jamais savoir ce qu'il est devenu, mon seul soulagement serait de savoir que lui aussi il souffre, comme il nous a faits souffrir. Le sentiment de haine, n'est pas salvateur, mais à mon sens, il est nécessaire, pour se reconstruire. Le juste retour des choses et la prise de conscience de ses actes sont mon seul but, ma seule envie. Je sais aussi qu'une partie de lui vit en moi, je m'y refuse, je me battrai, je lutterai pour ne pas être

comme lui…

***

**

CHAPITRE 5- LA TRANSITION DES SOUVENIRS

Il était mon père, ma mère, mon frère, mon ami, mon amant, mon amour. Cet homme représente tout ce qu'il y a de mieux et de bon, il sait qui je suis, d'où je viens, il me soutient, il me fait du bien. Cet homme rencontré dans un fast food, au coin de la machine à frites, est avec moi, pour moi. Nous avons trouvé un petit f1bis à Bagneux, je travaille comme assistante en intérim. Qu'importe, nous sommes ensemble, heureux, il nous suffit de peu. Il fait toujours ses études, il me répète sans cesse que c'est pour nous, notre avenir, nos enfants, ceux que nous aurons et celui que nous avons perdu…

J'avais 17 ans et demi, mes parents ne savaient pas que j'avais des relations, je me procurais tant bien que mal cette fameuse pilule, qui empêche tout sauf l'amour que nous nous portons. Mes règles ne sont pas là, je ne m'inquiète pas, un retard dû sûrement à des émotions plus fortes qu'à l'accoutumé. Il est inquiet. Et si j'étais enceinte ? il veut que je fasse une prise de sang, pour être sûr, il prend rendez-vous au laboratoire, seule sa mère le sait, moi je ne peux rien dire aux miens. Les résultats tombent, je suis enceinte de deux mois....La terre s'écroule, il me tient la main, il pleure avec moi. Nous parlons. Je n'ai pas 18 ans, je ne peux avorter sans l'accord de mes parents. Plutôt me tuer que de leur dire, c'est de toute façon à mon esprit le seul châtiment que je subirai s'ils le savaient. La laborantine nous écoute, elle me regarde et nous demande de revenir demain, elle a une idée, mais à ce moment-là, elle ne peut pas nous en dire plus, il faut revenir demain. Nous revenons, je n'ai pas dormi de la nuit, je ne sais pas quoi faire, je ne sais plus où j'en suis, elle me tend un document, ma carte de groupe sanguin, elle m'indique qu'elle m'en a refait une avec six mois de plus sur ma date de naissance. Je lui souris, elle nous donne quelques informations sur les avortements dans la commune d'Ivry sur Seine, Elle nous indique comment faire et qui nous devons aller voir rapidement. Nous parlons de ce geste entre nous, des conséquences, de notre avenir, et nous concluons qu'il n'est pas envisageable d'avoir cet enfant maintenant…tout cela me déchire le cœur, mais c'est l'unique solution.

Le jour « J » arrive, je suis terrifiée à cette idée, le terme médical pour cette intervention : « par aspiration », je dois me présenter à 8 heures du matin. J'invente alors un pique nique à mes parents, mais je dois être rentrée pour 17h à la maison. Maman ne saura pas, personne ne le saura, sauf lui et moi. Elle l'apprendra plus tard, un jour ou nous parlons, elle pleure, elle a raté un moment important de ma vie sans jamais pouvoir me soutenir.

Tout est fini, je suis à la fois soulagée, et attristée, peinée, meurtrie, il me manque quelque chose, il me manque cette petite vie…je ne peux pas en parler à Cédric, il ne comprendrait pas ce ressenti, celui que j'ai…ce regret…j'y pense encore aujourd'hui.

***

**

Notre appartement fait 40m2, 1 pièce qui mène à toute les autres, spacieux avec une vue très en hauteur, nous vivons au 12ème Etage d'un immeuble HLM…..Nous sommes jeunes, et heureux ensemble, rien ne semble nous perturber, nous nous aimons chaque jour un peu plus fort. Cet amour qui évolue, qui grandit en même temps que nous, cet amour qui nous rend plus forts.

Deux ans ont passé dans cet appartement, nous avons 25 ans….Il est devenu ingénieur, il a obtenu son diplôme, et je suis tellement fière de lui, de ce qu'il a accompli avec tant de détermination et de force. Il a son premier emploi, il est heureux. Moi je continue l'intérim, j'ai cette idée de changement, de voir d'autres gens, de faire des rencontres qui humainement m'apportent beaucoup. J'ai un CDD d'un an dans un service de ressources humaines, je suis une jeune femme timide et introverti, sensible à toutes remarques, en pleine évolution professionnelle mais aussi personnelle.   Je   rentre   comme chaque soir à la maison, nous allons faire des courses dans notre « belle » petit nom que Cédric a donné à notre Ford fiesta de couleur parme. Il conduit et farfouille dans sa sacoche positionnée à l'arrière du véhicule, il en sort un étui….Il faut dire que depuis quelques temps, j'espérais qu'il me demande ma main, il n'était pas prêt, tous les paramètres n'étaient pas réunis, mais je finissais par trouver le temps long, très long, et cela m'agaçait. Je pensais que son amour n'était finalement pas assez fort pour m'épouser.

Ce petit étui de couleur noire, je n'osais l'ouvrir de peur d'y trouver autre chose que ce que j'espérais…une bague magnifique, la plus belle que j'ai eue l'honneur de découvrir, un anneau or gris surmonté d'une topaze bleue et de trois petits diamants…..ma main gauche paraissait petite à côté de ce bijou. Il me l'a dit…de manière « originale », mais je sentais son émotion : « veux-tu m'épouser ? »…Comme je suis de nature plutôt rebelle vis-à-vis de lui, je ne lui répondrais pas tout de suite, le lieu ne s'y prêtait pas, et pour le romantisme j'espérais autre chose. Il a tout fait dans les règles de l'art, comme dans mes rêves les plus fous, comme dans mes rêves de petite fille, comme si il savait ce dont j'avais besoin. Il est allé voir maman, il l'a invitée au restaurant et lui a demander son accord afin de m'épouser. Elle a dit oui, mais elle a ajouté « prends soin de ma fille », « ne lèves jamais la main sur elle », elle ne voulait pas que je vive moi aussi un jour le même cauchemar, mais personne ne sait comment nous évoluons.

Il était soulagé, cette conversation avec maman a été longue, il ne me dira jamais tout ce qu'elle lui a dit, c'est leur secret. Nous préparons notre union avec ferveur, il veut pour moi ce qu'il y a de mieux, comme pour compenser ces vides que nous avons eus. Le jour « J » arrive, nous sommes le 20 05 2000, une date symbolique ou les zéro sont en nombre et forment des cercles parfait à l'infini. Il me tient la main et son amour me parcourt, j'en suis émue, il me touche par ces gestes, ces mots, je suis heureuse en ce jour et j'oublie tout, je suis née à 25 ans, ce jour de printemps où ma vie s'est liée à un cet homme...

***

**

CHAPITRE 6 - LE CHEMINEMENT PARFAIT

Cela fait un an que nous sommes mariés, nous avons ce désir d'enfant, comme tout couple, et cela devient une obsession, en tout cas pour moi, je veux être sure d'être capable d'avoir un enfant, comme un défi, mais mon esprit est trop perturbé par ce désir.

Les médecins me diront : « arrêtez d'y penser, la part de psychologie y est pour quelque chose », alors je me résigne et j'attends… 9 mois ont passé, le temps d'une grossesse et je suis enfin enceinte, c'était inespéré, il se passe quelque chose en moi, je ne suis plus seule, je fais grandir un être issu d'un amour, et je suis fière de cet acte accompli, j'ai réussi à faire quelque chose de bien dans ma vie. Nous sommes le 23 août 2001, il fait chaud, et mes pieds ressemblent à des saucisses boursouflées, je vis une aventure   la   plus   enrichissante   et   aussi   la   plus douloureuse émotionnellement, mes sens sont en éveil, mon corps ne m'appartient plus, j'ai cette impression d'être habitée, le bail arrivant à terme, je dois « expulser ». J'ai vu de nombreux films et documentaires sur le sujet, comment respirer, comment pousser, mais au moment « t », seul notre ressenti et notre approche nous servent, tout naturellement.

Cédric se positionne face à moi, je n'aime pas l'idée qu'il me voie de cette manière, mais il est aussi impatient que moi de voir son fils, son premier, sa chair, son enfant. Alors il collabore avec notre gynécologue, et tout deux se hâtent à faire sortir le petit…..on pose sur mon corps nu ce petit être, je le respire, il est tellement petit, il est à nous, nous sommes parents. Une immense émotion m'envahit. Comment ai-je pu faire pour mettre au monde cet enfant, alors on pense : c'est si simple et si compliqué à la fois.

Mathis est né ce soir d'été le 23 août 2001... 2k700 g et 47 cm, il est brun et tout petit, plein de vie, et l'amour que je lui porte ne s'explique pas, mêlé de joie, et de peur, j'apprends à être « maman » et c'est un travail de chaque jour, de chaque instant, de chaque minute.

Il a 5 mois, il est malade depuis quelques temps, nous allons régulièrement chez le pédiatre, comme pour s'assurer ou pour nous rassurer que tout va bien. D'ailleurs son carnet de santé est comme un bible, je crois même qu'il n'y as plus de pages libres . Le pédiatre nous assure qu'il va bien, mais je sens que quelque chose ne va pas, j'en parle à Cédric, qui m'assure qu'il n'a rien de grave, il as toujours pour habitude de dédramatiser les choses quand celles-ci sont justement graves. Je n'en démords pas, je suis seule à sentir que mon fils ne va pas bien. Cette nuit-là je le pose près de moi, l'idée qu'il s'arrête de respirer me fait peur, il a vomi, il est pâle, ses petits doigts ressemblent à ceux d'une poupée, sans coloration, presque figés. Pour nous rassurer nous appelons le 15, le médecin arrivera 1 h plus tard.

 Mathis est dans un demi sommeil, presque endormi, le médecin l'examine. A l'examen, il ne décèle rien d'anormal, sauf peut être sa couleur de peau, il est un peu jaune, ses doigts sont presque translucides. Il nous pose des tas de questions, il décide de nous prescrire une analyse de sang, pour être sur que le mal ne vient pas d'ailleurs…le lendemain, à la première heure, nous emmenons Mathis faire sa prise de sang, il hurle de douleur et des aiguilles me paraissent énormes… puis je l'emmène chez sa nourrice, comme d'habitude, ce matin là je lui explique qu'il n'a pas beaucoup mangé, il est amorphe.

Je pars travailler, mais je ne pense qu'à lui, je travaille à Montparnasse en intérim dans un grand groupe bancaire, au service du comité d'entreprise, je commence à 9 heures. Cette longue journée va tourner au cauchemar ….un coup de fil sur mon portable… c'est cédric, il a été contacté par le labo, il était resté à la maison, il ne sait pas comment me dire, me dire que ça ne va pas…le labo nous demande de récupérer Mathis et de rejoindre le laboratoire de toute urgence, ses résultats sont alarmants, un SAMU pédiatrique va venir le chercher. Je ne sais plus quoi penser, je ne sais plus où j'habite et surtout ce que je dois faire. J'appelle mon agence d'intérim pour leur indiquer que je dois quitter le travail d'urgence et me rendre à l'hôpital Béclère à Clamart. Le responsable d'agence de l'époque me demande de passer, il me commandera un taxi, pour que je puisse m'y rendre. Cette attente est interminable, je marche dans la rue, je suis perdue, je suis comme folle. Dans le taxi, je ne tiens pas en place, je voudrais qu'il aille plus vite, cela me parait long. J'arrive enfin, j'entre aux urgences, je cherche mon fils, mais je ne trouve personne, je ressors et je vois   une   ambulance,   Cédric n'est pas là, ils sortent de l'ambulance une minuscule coque, enrobée d'un aluminium couleur or, c'est Mathis, Cédric arrive juste après, il a du suivre l'ambulance. Je nous revoie encore dans cette salle d'examen ou tout s'active et vous êtes là, transparents aux yeux de tous, vous cherchez un regard, un soutient, une réponse. Mathis pleure beaucoup, mais nous nous rappelons qu'il a une chanson préférée... « A la pêche aux moules », alors nous chantons, pour le rassurer, malgré tout, il nous sourit, nous lui tenons la main tout les deux. Les examens se poursuivent, ils ne trouvent toujours rien, prises de sang, transfusions, nous sommes spectateurs et impuissants, et cela me mets hors de moi, et nous sentons que cela est grave. J'ai peur de perdre mon fils, je me sens coupable, de quoi ? Je ne sais pas. On l'emmène dans une chambre et une infirmière m'indique qu'il lui faut quelques affaires car il va rester en observation. Grâce aux pièces jaunes, nous pouvons en tant que parents rester dans sa chambre avec lui mais chacun notre tour. Alors chaque jour, Cédric et moi nous nous relayons auprès de lui jour et nuit. Les nuits sont pour moi insupportables, les infirmières rentrent à tout bout de champs , elle le réveille pour lui prendre sa température, pour lui faire une prise de sang, j'ai hâte que tout cela s'arrête et qu'on me dise de quoi souffre mon fils.

Mathis a passé 4 semaines au service de pédiatrie, les médecins concluront à « Une anémie hémolytique auto-immune », la cause « virus »….Je hais ce mot, cette intrusion, cette destruction, ce n'était pas une réponse pour moi, mais ce sera la seule que nous aurons. J'avais ce sentiment de culpabilité, à l'hôpital on m'a proposée de voir un psychologue, elle a débuté son entretien par cette phrase « heureusement que vous l'avez emmené, car le temps était compté », « vous auriez attendu, vous l'auriez perdu ».

J'ai entendu le reste de son monologue,

sans l'avoir écouté, j'étais ailleurs, elle a salué notre courage durant ces jours.

Deux ans plus tard, nous essayons d'avoir un autre enfant, de prendre le temps et très vite je suis à nouveau enceinte. J'ai espoir d'avoir une fille, qui me ressemble. J'ai voulu faire une surprise à Cédric, je ne lui ai rien dit. Je lui annonce au coin du rayon biscuit et autres gâteaux à la crème qu'il va être à nouveau papa, il prend la nouvelle comme un secret dévoilé, il est heureux mais surpris de mon silence, j'avais bien pensé à un scénario pour lui annoncer mais j'avais peur. Cinquième mois, l'annonce tombe c'est « encore » un garçon, je vis cette grossesse différemment, presque naturellement, mais je me sens terriblement seule, Cédric n'est pas aussi proche de moi que ma première grossesse sans doute dû à la facilité du vécu de la première.

Je me surprends à lui parler, lui raconter des futilités, lui raconter mes angoisses, mes peurs, à lui faire écouter de la musique, il y a un lien particulier entre nous. Nous sommes au mois de mai, il fait chaud mais je ne suis pas autant boursouflée que pour Mathis.

Ilan est né le 23 mai 2004... 3k200, et 50 cm, c'est un beau bébé, très calme, il est le portrait de son père, blanc de peau. Plus il grandit plus il ressemble à Cédric, quant à son caractère je sens qu'il y a du moi en lui.

Mes enfants sont une partie de moi, je me retrouve en eux, je suis fière d'eux.

....On reproduis parfois, inconsciemment des gestes, des mots, vécu dans notre enfance, sans jamais pouvoir aller contre, l'éducation donnée à nos enfants presque identique à celle qu'on a vécu, nous sommes le reflet de nos enfants. Ils vivent en chacun de   nous.

Notre amour pour eux n'a pas de mesure, nous sommes parfois trop exigeants, nous attendons d'eux ce que nous ne serons jamais.

Mon histoire s'arrête ici, la suite n'est qu'un cheminement naturel de la vie, avec ses hauts, ses bas, son lot de soucis, mais c'est aussi ça la vie, la vraie, le bonheur d'être dans cette « normalité » et de vivre ces moments de bonheur, jusqu'à ce que la mort nous séparent.

Epilogue :

Je vis toujours aujourd'hui en banlieue parisienne, avec mon mari et mes deux enfants, j'ai un autre regard sur la vie, sur les gens qui m'entourent, je profites de chaque moment, chaque instant, je souris à la vie, je pleure aussi pour exprimer mes tristesses, mes joies. La naissance de mes enfants a révélé chez moi, un désir de vie et de quête de bonheur. Je préserve ce que j'ai, et je ne jalouse pas ce que je pourrais avoir, où ce que les autres ont.

Aujourd'hui, je ne sais pas ce qu'est devenu cet homme, je sais juste qu'il a refait sa vie loin de nous, qu'il fait souffrir une autre femme et que sais-je encore ? Je ne veux plus rien savoir de lui. Je veux vivre ma vie simplement.

Remerciements :

Je remercie ma mère d'être ce qu'elle est, d'avoir fait de moi ce que je suis. Je l'aime très fort, mais je ne lui ai jamais dit.

Je remercie mon mari, les mots ne sont pas assez forts pour exprimer mes sentiments à son égard, ma retenue parfois vis-à-vis de lui, car cet amour que je lui voue est tellement pur et vrai, que je n'ose lui montrer car cela me fait peur, peur de perdre ce qui me maintient.

Je fais également un clin d'œil à : Virginie….qui a vécu avec moi un morceau de cette vie.

Je remercie Nathalie qui est à mes côtés chaque jour dans les bons comme dans les mauvais moments et qui me fait dire que l'amitié existe vraiment.

Un clin d'œil à toutes celles que j'ai connus, que je connais et que je connaîtrais et une dédicace spéciale aux « pdl girls ».

Voici quelques lettres, poèmes et quelques mots aux gens que j'aime…...

A mon fils , pour son baptême,

Quand dieu est venu à moi

Il est venu sans un bruit

Il a accompagné ma foi

De la naissance d'un cri

       Celui de mon fils…

J'ai regarder mon enfant et j'ai compris

Compris que vivre sans dieu

C'est vivre sans un repère religieux

Aujourd'hui je veux qu'il m'accompagne

Pour vivre l'amour qu'il porte en lui

Et pour oublier les souffrances qui ont parsemés ma vie.

Amen

A mon mari,

J'avais envie de t'écrire, j'avais envie de te dire, à quel point les événements qui nous entourent me bouleversent, me chamboulent, et m'ouvre l'esprit sur les sentiments qui nous unissent. J'ai eue des périodes de doutes, des réflexions sur ce que l'on vit, toutes formes d'amour s'animent et se détruisent, peut-être est-ce une épreuve face aux incertitudes des uns et des autres, peut être est-ce un test qui nous montre quelle direction prendre, quelle attitude adoptée. Il est certain qu'après toutes ces années, de partage, d'amour mais aussi de tristesse, de solitude, d'obstacles, je ne retiens qu'une seule chose, l'amour que j'ai pour toi, celui là même qui fait mal tellement il est profond, tellement il peut être sublimé, tellement il peut

être éclairé. J'aime ce que tu es, j'aime ce que tu m'apportes, j'aime quand tu me supportes. Quand nous nous sommes dit oui, nous avons acceptés de vivre cet amour qui est le notre, de le faire grandir, de le faire s'épanouir pour qu'il grandisse avec nous, pour qu'enfin il atteigne la grandeur de sa valeur. Bien sur cette épreuve s'appelle la vie, elle nous conduits à nous battre chaque jour pour maintenir cette lueur qui anime nos yeux quand nos regards se croisent, quand notre cœur bat pour l'autre, quand nos mains s'effleurent, quand les mots n'ont pas lieu d'être, quand seule la magie laisse transparaître la passion.

Poursuivons ensemble notre route, orientons nous avec la carte de la vie, arrêtons nous sur le péage de l'amour, pour une destination vers l'infini.
Je t'aime.

Ta princesse…

Voilà 9 ans que nos destins se sont liés,

Que tu m'as dit oui devant le monde entier,

Qu'a tes yeux, je suis ta bien aimée,

Que seul, la mort peut nous séparer.

Tu n'as jamais manqué nos rendez-vous,

Tu penses encore et toujours à nous,

Tu es fidèle à notre amour,

Tu m'es fidèle chaque jour.

Sur cette feuille de papier,

Je t'écris ces pensées,

Je t'écris mon sentiment,

Celui que je ressens en ce moment.

Je te donne donc rendez-vous,

L'année prochaine, pour nos 10 ans,

Dans un lieu encore secret,

Où   chaque   mois,   un   indice   je   te   glisserai.

Ne soit pas en retard à ce rendez-vous….

J'attends que tu sois à l'heure de notre amour.

Ne compte pas les minutes qui nous séparent,

De cette journée où tout redémarre.

Joyeux   anniversaire….mon   amour

A lili,

Un petit présent

Pour une petite Lili

Aux cheveux argent

Et au sourire chipie.

Espérons que notre cendrillon,

Ne perdra pas sa pantoufle,

Qu'elle soit toujours polisson,(e)

Et qu'elle n'oubli pas ses moufles.

Alors pour ses 1 an

Je lui souhaite pleins de dents,

Pour d'autres sourires malins,

Elle deviendra aussi belle que maman

Et   en   fera   jalouser   bien   plus   d'1.

Mot au personnel des Iris, Ecole Maternelle de mes enfants,

Aux iris, il y a des institutrices, des animatrices et des « Atsémistes »….

Le tout forme cette Ecole maternelle,

Aux abords d'un parc,

D'un quartier, d'une ville…

Chaque jour cette école prend vie,

Chaque matin à 8h20,

Elle se rempli d'enfants, des petits comme des grands,

Elle exprime des sentiments, ceux de nos enfants,

Il y a parfois des larmes, des peines, mais aussi des sourires, des rires et de la joie.

Ces petits apprennent à être grands,

Sous le regard de leurs enseignants.

Ils apprennent à jouer, à créer, chanter, danser

Avec la complicité de nos animateurs bien aimés.

Et avec chaque Atsem ils avancent dans cette vie,

Pour   gagner   en   autonomie.

Alors chaque soir, quand cette école s'éteint,

Chaque acteur de ces journées rythmées retourne à une autre activité,

Celle d'un repos bien mérité…

Pour que le lendemain,

Ils puissent tous recommencer.

Sophie RIVIERE

© 2011, Sophie Rivière
Edition : Books on Demand
12/14 rond-point des Champs Elysées
75008 Paris
Imprimé par Books on Demand, Allemagne
ISBN : 9782810616589
Dépôt légal : mai 2011